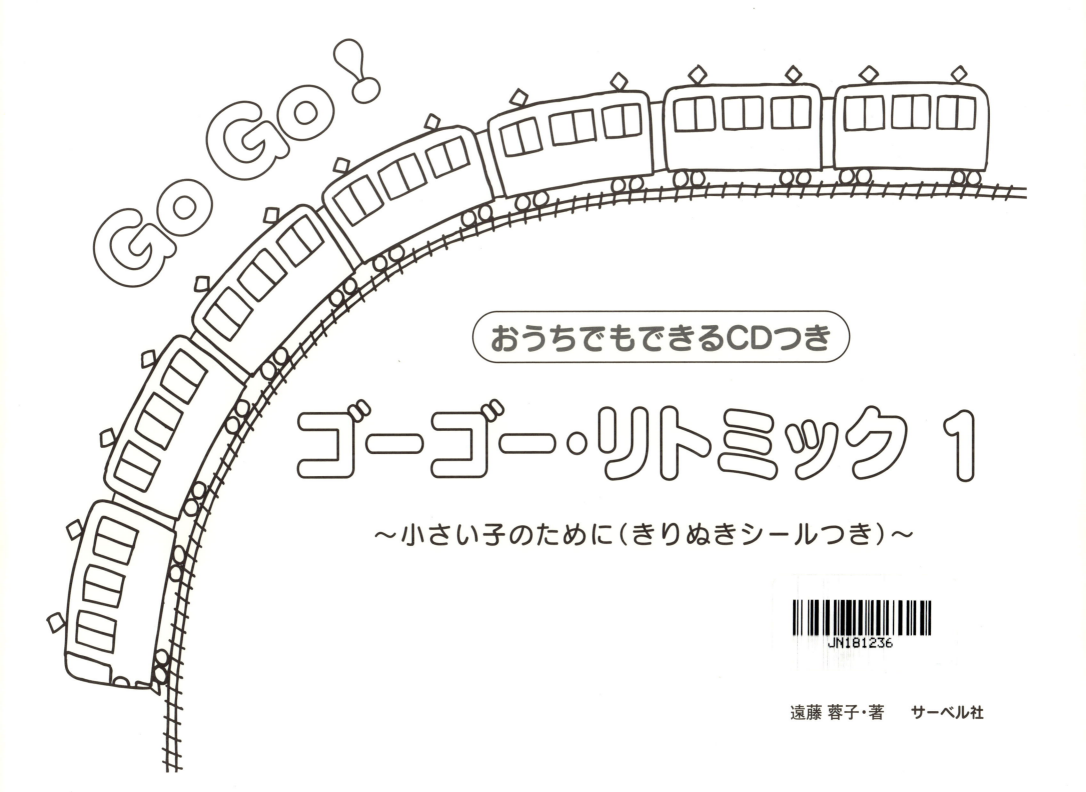

はじめに

　本書は、2008年に出版しました小さい子のためのリトミックのテキスト「ゴーゴー・リトミック」に対応CDをつけたものです。「ゴーゴー・リトミック」は1才から4才頃までのピアノのレッスンに入る前の導入として、あらゆる音楽能力を引き出しながら、いろいろな遊びを通して体全体で音楽を感じとるのが目的です。この8年間にたくさんの生徒さんとリトミックやお歌を楽しんできました。

　「ゴーゴー・リトミック」を作るきっかけとなったのは、普通のピアノの先生に普通のピアノのレッスン・ルームで手軽に小さい子のレッスンをしていただきたいとの願いからでした。特別な準備がなくても、この一冊で大体のレッスンをこなすことができるように作られています。

　多くの先生方のご要望により、この度勇気を持ってCDの制作に取りかかりました。これまでより一層便利になって、生徒さんとの一対一のレッスンにおいても手際良くできることと思います。そして、レッスンだけでなく、自宅でお母さんと一緒に子供と二人で楽しめるよう配慮されています。CDは少し長めに入れられていますが、リトミックは繰り返し十分に行うことが大切ですので、楽しく取り組んで下さい。

　また、従来のCDなしのテキストも発売されていますので、レッスンの形に合わせてご利用いただけます。本書が、あらゆる場面で小さい生徒さんのレッスンのためにお役に立ちますことを祈っています。

2015年　8月

遠　藤　蓉　子

本書の使い方

　小さい子のレッスンでは、一つのことが定着するまでじっくり時間をかけて取り組んで下さい。各ページは「リトミック」「ぺったんこあそび」「おうたあそび」「ことばのおけいこ」で1セットとなっています。進み方は、子供の年齢と性質によりますが、全体的にあせらずゆっくり進んで下さい。

◎「リトミック」
　各ページに2つずつ載せています。よく動きを理解してから、CDに合わせて歌いながら、子供の体を動かします。子供の体に正しいリズムを送るのが目的ですので、一つ一つの動きを丁寧に音楽に合わせて行って下さい。それぞれの動きができるようになったら、一連のリトミックを通して行いましょう。

◎「ぺったんこあそび」
　子供のイメージをふくらませ、創造することの喜びを味わいます。太いクレヨンで色をぬってから巻末の切り抜きシールをはります。切り抜くのは、先生が行って下さい。予め切っておいても良いのですが、子供に切り抜くのを見せながらすると、わくわくした気持ちを高めます。切り抜きシールの色は、先生がぬっても子供がぬっても構いません。裏に両面テープかのりをつけて子供に渡して下さい。

◎「おうたあそび」
　まだきちんと歌えないかもしれませんが、歌に合わせて踊ったり、リズムをとることはできます。細かいことよりも、全身で音楽を感じて一体になって踊ることが大切です。CDには歌入りと歌なしが入っています。子供と一緒に手作り楽器を作ったりゲームをしたり、楽しく遊びましょう。

◎「ことばのおけいこ」
　小さい子の場合は、いろいろな発音がまだ完成していませんので、じっくり一つ一つの言葉を練習していきます。先生が正しいお手本を示し、はっきり発音することを覚えていきます。

も く じ

リトミック1　①きんぎょちゃん　②みぎあしぐるぐる …… 4	リトミック6　①でんしゃ　②おやすみ …… 24
ぺったんこあそび1　さかな …… 5	ぺったんこあそび6　はっぱ …… 25
おうたあそび1　あかいとりことり …… 6	おうたあそび6　だるまさん …… 26
ことばのおけいこ1 …… 7	ことばのおけいこ6 …… 27
リトミック2　①あんよをぶらぶら　②おでこにとんとん …… 8	リトミック7　①ぶらんこ　②エレベーター …… 28
ぺったんこあそび2　チューリップ …… 9	ぺったんこあそび7　ことり …… 29
おうたあそび2　きらきらぼし …… 10	おうたあそび7　かえるのうた …… 30
ことばのおけいこ2 …… 11	ことばのおけいこ7 …… 31
リトミック3　①ふねこぎ　②てあわせ …… 12	リトミック8　①ボールのおくりもの　②くっつきボール …… 32
ぺったんこあそび3　おさら …… 13	ぺったんこあそび8　おかお …… 33
おうたあそび3　なべなべそこぬけ …… 14	おうたあそび8　どんぐりころころ …… 34
ことばのおけいこ3 …… 15	ことばのおけいこ8 …… 35
リトミック4　①なかよしゴーゴー　②ゆりかご …… 16	リトミック9　①ボールころがし　②たてたて・ゆーら …… 36
ぺったんこあそび4　おさら …… 17	ぺったんこあそび9　だいこうぶつ …… 37
おうたあそび4　アイアイ …… 18	おうたあそび9　メリーさんのひつじ …… 38
ことばのおけいこ4 …… 19	ことばのおけいこ9 …… 39
リトミック5　①ひこうき　②かみなり・たつまき・たかいたかい …… 20	リトミック10　①おうま　②かめ …… 40
ぺったんこあそび5　ちょうちょう …… 21	ぺったんこあそび10　かさ …… 41
おうたあそび5　ロンドンばし …… 22	おうたあそび10　あめふりくまのこ …… 42
ことばのおけいこ5 …… 23	ことばのおけいこ10 …… 43
	ぺったんこあそびの切り抜きシール …… 45
	おうたあそび7の切り抜き …… 55

リトミック1   子供を床に寝かせたまま行います。（床がかたい場合は、マットのようなものを敷いて下さい。）

①きんぎょちゃん（CDトラック①）

子供を床に寝かせ、床すれすれに足首を持ち、歌に合わせて開いたり閉じたりします。1拍に1回きちんとリズムに合わせましょう。

②みぎあしぐるぐる（CDトラック②）

子供の足首をもってぐるぐるまわします。最初は右足を右まわし、左まわし、次に左足を右まわし、左まわしにします。

右足右まわし　　右足左まわし　　左足右まわし　　左足左まわし

詞　鹿島鳴秋
曲　弘田龍太郎

詞・曲　遠藤蓉子

ぺったんこあそび 1

海の色をお母さんといっしょにぬってから、P.45のおさかなを切り抜いてはりましょう。

おうたあそび1　あかいとりことり（CDトラック3 4）

◎お母さんと手をつないで、手を横に振りながら歌います。

詞　北原白秋
曲　成田爲三

あかいとり　ことり　なぜなぜ　あかい　あかいみを　たべた
しろいとり　ことり　なぜなぜ　しろい　しろいみを　たべた
あおいとり　ことり　なぜなぜ　あおい　あおいみを　たべた

ことばのおけいこ１

わん わん　　　　にゃん にゃん

リトミック2

「リトミック1」の続きです。床またはマットの上に寝かせて行います。「リトミック1」から続いて行って下さい。

①あんよをぶらぶら （CDトラック5）

子供の右足を持ってぶらぶらさせ、次に左足をぶらぶらさせ、最後に両足をぶらぶらさせます。その後、リズムに合わせて足を開閉させます。「とん」で両足そろえて床を打ち、「ぱっ」で開きます。

ぶらぶら　　ぶらぶら　　ぶらぶら　　とん　　ぱっ

詞・曲 遠藤蓉子

②おでこにとんとん （CDトラック6）

両足を持っておでこにくっつけ、「しましょ」でおでこを3回打ちます。戻して床を足で3回打ちます。その後、肩と反対に足をひねり、床にお座りさせます。

おでこを3回打つ　床を3回打つ　　足をひねる　　おすわり

詞・曲 遠藤蓉子

ぺったんこあそび 2

はっぱの色をお母さんといっしょにぬってから、P.45のチューリップを切り抜いてはりましょう。

おうたあそび2　きらきらぼし（CDトラック⑦⑧）

◎タイコをつくろう！
　用意するもの…新聞紙、わりばし、ティッシュのあき箱、ビニールテープ
①新聞紙の4分の1の大きさをくちゃくちゃにし、わりばしを割らないで先の細い方を玉にした新聞紙で包みこみます。
②しっかりと固定しながら、タイコのバチのようにビニールテープでぐるぐる巻きにします。
③ティッシュのあき箱をひっくり返して、バチでたたきます。
④ティッシュの箱を色紙やシールできれいに飾るとさらに楽しくなります。

◎「きらきらぼし」の歌に合わせて、タイコをたたきましょう。
　いろいろな大きさや、いろいろな速さでたたいてみましょう。

詞　武鹿悦子
フランス民謡

ことばのおけいこ 2

ぴよ ぴよ　　　ぶー ぶー　　　もー もー

リトミック 3

「リトミック1」と「リトミック2」から続いて行って下さい。（CDトラック⑪）

①ふねこぎ（CDトラック⑨）

向かい合って座り、手をつないで交互にひっぱり合います。

②てあわせ（CDトラック⑩）

手と手を合わせてパチパチしながら、音楽に合わせてストップしたり、体のいろいろな部分を押さえます。（頭、耳、ほっぺ、おなか、おへそ、鼻、口など…）

詞・曲 遠藤蓉子

詞・曲 遠藤蓉子

ぺったんこあそび 3

おさらに色をぬってから、P.47のくだものをはりましょう。

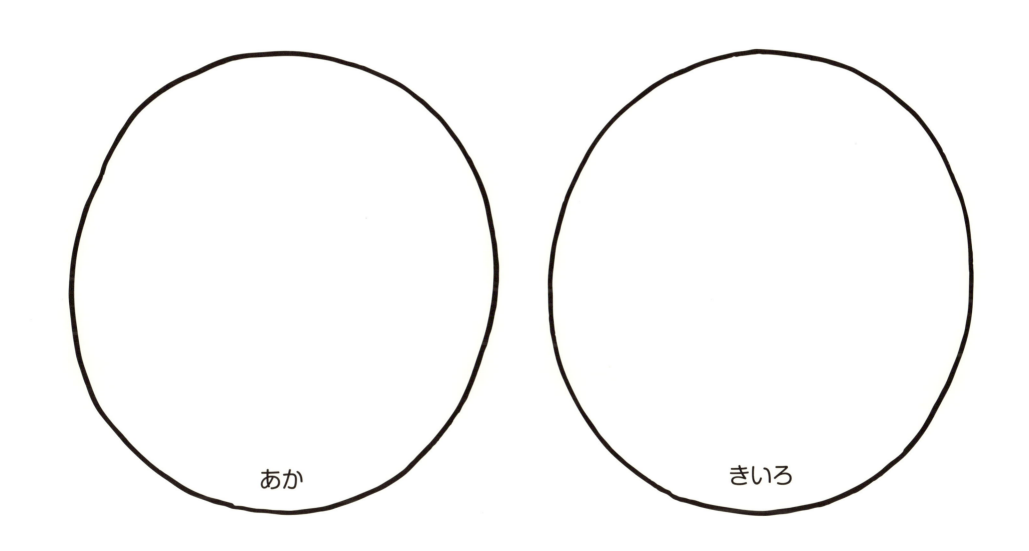

おうたあそび3 　なべなべそこぬけ（CDトラック12 13）

◎お母さんと手をつないで横に振りながら歌い、「かえりましょ」で子供をひっくり返してもう一度歌って、最後に元に戻ります。

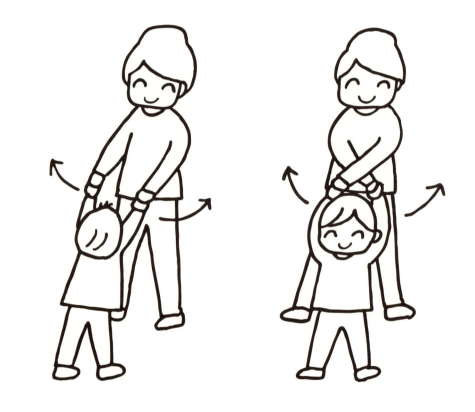

わらべうた

なべなべ　そこぬけ　そこがぬけたら　かえりましょ

ことばのおけいこ３

ぴょん ぴょん　　けろ けろ　　めえ めえ

リトミック 4

①なかよしゴーゴー（CDトラック14）

お母さんと手をつないで音楽に合わせて歩きます。
ピアノの音が止まったら、歩くのも止まりましょう。

詞・曲 遠藤蓉子

☆適宜ストップを入れて下さい。

②ゆりかご（CDトラック15）

子供を抱いて静かに横に揺れます。

詞・曲 遠藤蓉子

ぺったんこあそび 4

おさらに色をぬってから、P.47の絵を切り抜いてはりましょう。

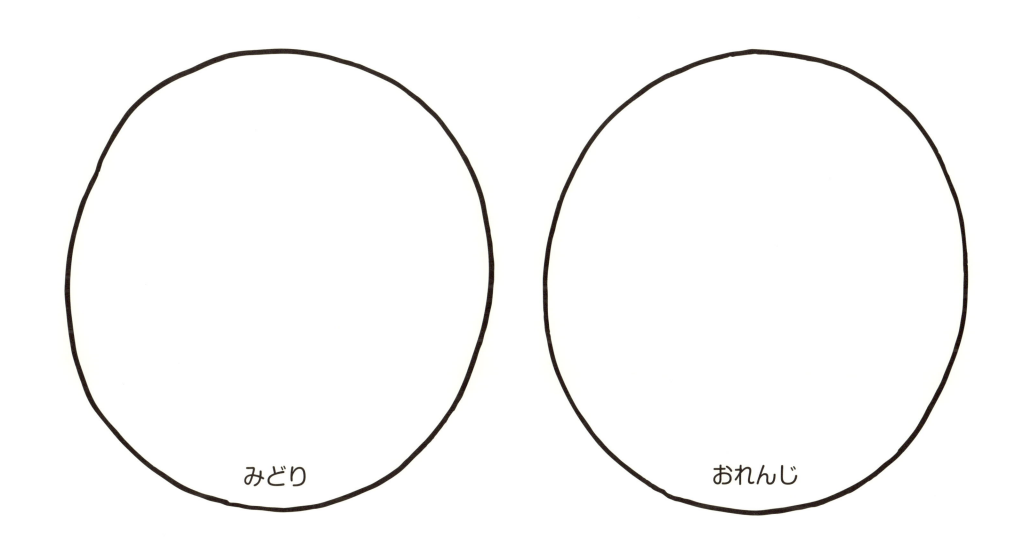

おうたあそび 4　　アイアイ（CDトラック 16 17）

◎マラカスをつくろう！
　用意するもの…ペットボトル2本、あずきまたはお米少々
　ペットボトルにあずきを少し入れてふたをします。お米やビーズでもOK。2本用意してマラカスのように振ります。マラカスにマジックで絵を描いたり、シールをはるときれいです。

◎マラカスの振り方
　①両手をいっしょにふる
　②右手と左手を交互にふる
　③両手いっしょにふりながら円を描くようにふる

◎「アイアイ」の歌に合わせて楽しくマラカスを振りましょう。いろいろな振り方で自由に踊ります。

詞　相田裕美
曲　宇野誠一郎

ことばのおけいこ 4

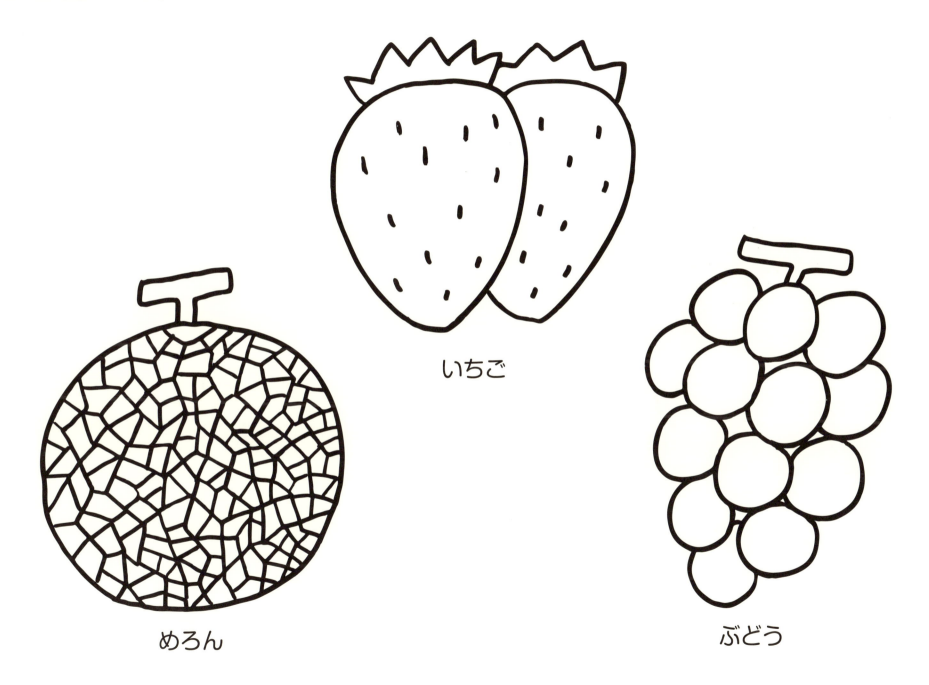

いちご

めろん

ぶどう

リトミック5   「リトミック4」の続きです。「リトミック4」と取り混ぜて行って下さい。（CDトラック⑳）

①ひこうき（CDトラック⑱）

お母さんが子供を脇にかかえて走ります。
子供は、手を広げて飛行機の格好をします。
高くなったり低くなったり変化をつけて走ると楽しいです。

②かみなり・たつまき・たかいたかい（CDトラック⑲）

「ドン」とかみなりが落ちたら小さくなります。「くるくる」の音楽が聞こえたら、お母さんが子供を抱いてまわります。お天気の音楽が聞こえたら、子供を高く持ち上げ「たかいたかい」をします。

かみなり　　　くるくる　　　たかいたかい

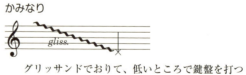

グリッサンドでおりて、低いところで鍵盤を打つ

とても高いところでトリル

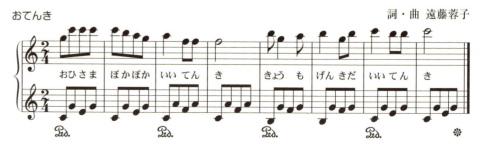

ぺったんこあそび 5

お花に色をぬってから、P.49のちょうちょを切り抜いてはりましょう。

おうたあそび 5　ロンドンばし （CDトラック 21 22）

◎フラフープをつくろう！
　用意するもの…新聞紙、セロテープ、ビニールテープ
　①新聞紙を2つに折り、長い方から細く巻いてテープでとめたものを3本作ります。
　②一方の端にもう一方の端を筒の中にさしこんでセロテープで仮どめし、新聞を丸くしながら3本をつないで輪にします。
　③ビニールテープで巻いていきます。

2つ折り　　細く巻いていく　　テープで仮どめ　　3本をつないで　　ビニールテープで
　　　　　　　　　　　　　　　　　　　　　　　テープで仮どめ　　しっかり巻く

◎お母さんとフラフープをもってまわりながらうたいましょう。「さあどうしましょう」でフラフープを下へ降ろします。

詞　高田三九三
イギリス民謡

ロンドンばしが　おちる　おちる　おちる　ロンドンばしが　おちる　さあどう　しましょう

ことばのおけいこ 5

らいおん　　　　ぱんだ　　　　ぞう

リトミック 6

フラフープを使って行います。「おうたあそび 5」の「ロンドンばし」に合わせてフラフープを持ってお母さんと一緒に歩いてまわるのと、取り混ぜて行って下さい。

① でんしゃ（CDトラック23）

子供がフラフープの中に入り、お母さんが後からフラフープを持って音楽に合わせて走ります。ストップや反対方向も入れて下さい。

② おやすみ（CDトラック24）

フラフープの中で小さくなって眠ります。お母さんは、やさしい気持ちで音楽に合わせて揺れて下さい。

詞・曲 遠藤蓉子

詞・曲 遠藤蓉子

☆走り出すときに少し accel. したり、止まるときに rit. したりして変化をつけて下さい。

ぺったんこあそび 6

木の色をぬってから、P.49のはっぱを切り抜いてはりましょう。

おうたあそび6 だるまさん（CDトラック25 26）

◎ペープサートをつくろう！
　用意するもの…うちわ2枚、紙、マジックまたはクレヨン、のり
　①うちわにはるのにちょうど良い大きさに紙を切り、紙に怒った顔と笑った
　　顔を描きます。
　②うちわの表と裏に怒った顔と笑った顔をはります。2組作ります。
　　※うちわがなければ紙皿でもOK。いろいろな顔を作っても楽しいです。

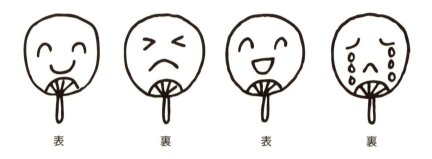

表　　　　裏　　　　表　　　　裏

◎うちわを手でたたきながら歌います。そして、最後の「あっぷっぷ」でうちわ
　を顔の前に出して遊びます。

わらべうた

だるまさん　だるまさん　にらめっこ　しましょ　わらうと　まけよ　あっぷ　ぷ

ことばのおけいこ 6

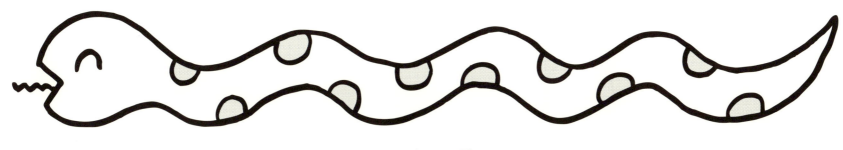

にょろ にょろ

ぐる ぐる　　　　じゃー

リトミック 7

「リトミック6」の続きです。「ロンドンばし」「でんしゃ」「おやすみ」と取り混ぜて行って下さい。
(CDトラック㉙)

①ぶらんこ (CDトラック㉗)

お母さんと一緒にフラフープを持ち、音楽に合わせて横に振ります。
ピアノの音の大きさによって大きく振ったり小さく振ったりして下さい。

詞・曲 遠藤蓉子

☆ ***f*** の時は大きく、***p*** の時は小さくフラフープを振りましょう。

②エレベーター (CDトラック㉘)

お母さんと一緒にフラフープを持ち、音楽に合わせて上げたり下げたりします。上げたり下げたりする速度に変化をつけて楽しみましょう。

曲 遠藤蓉子

☆半音階で自由に上がったり下がったりして下さい。

ぺったんこあそび 7

ことりの色をぬってから、P.51の木の実を切り抜いてはりましょう。

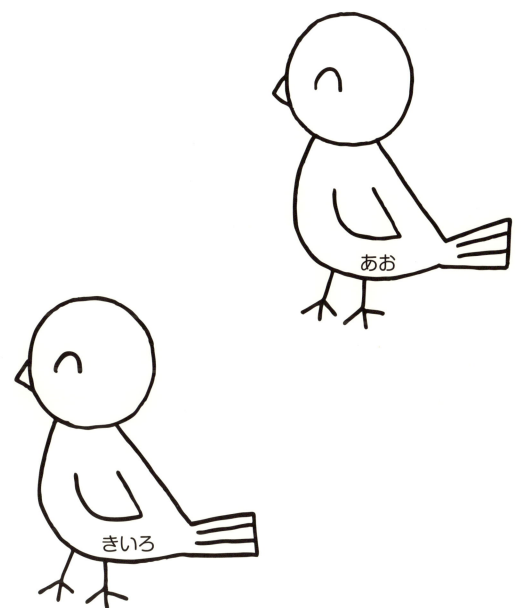

おうたあそび7　かえるのうた（CDトラック30 31）

◎ボーリングをつくろう！
　用意するもの…新聞紙、ビニールテープ、セロテープ、紙コップ6個
　①新聞紙1枚をくちゃくちゃにして丸くします。
　②くちゃくちゃにしたものの上からビニールテープで巻いてボールを作ります。
　③P.55のかえるの絵を切り抜き、紙コップにセロテープではりつけます。
　④紙コップをボーリングのように並べて、ボールで倒します。

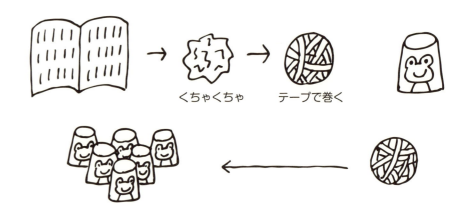

◎「おうたあそび2」で作ったタイコのバチで紙コップをたたきながら歌いましょう。横一列に並べてお母さんといっしょに順番に打ちましょう。

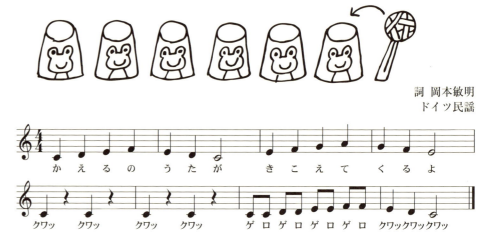

詞　岡本敏明
ドイツ民謡

かえるの　うたが　きこえて　くるよ
クワッ　クワッ　クワッ　クワッ　ゲロゲロゲロゲロ　クワックワックワッ

ことばのおけいこ 7

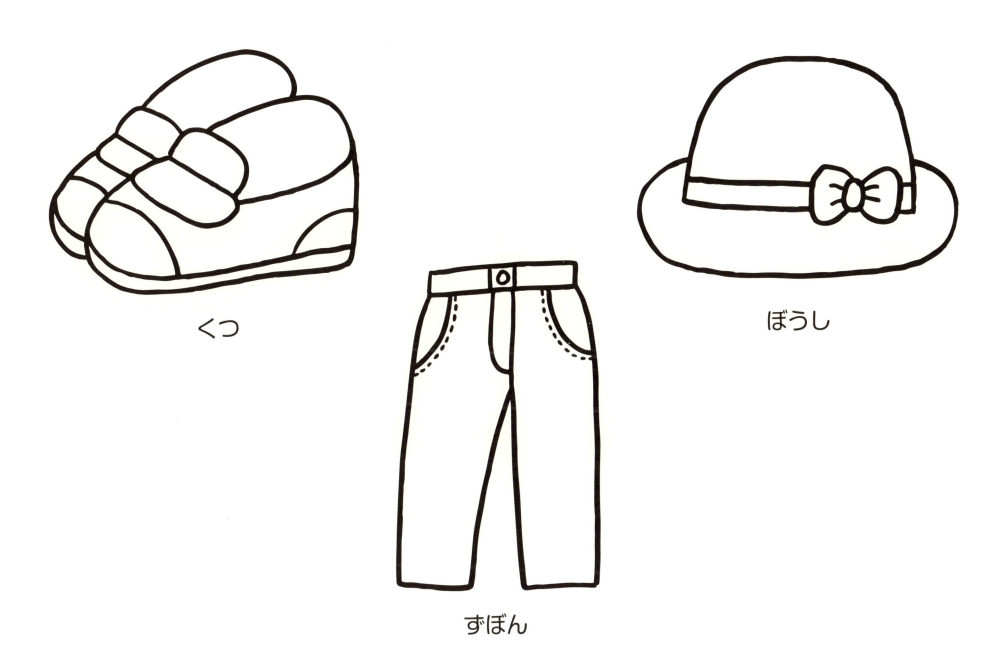

くつ

ずぼん

ぼうし

リトミック8

「おうたあそび7」で作ったボールを使います。普通のボールでもOKです。

①ボールのおくりもの （CDトラック32）

お母さんと子供が向かい合って座り、ボールを大切な贈り物のようにそっと「どうぞ」と言いながら手渡し、「ありがとう」と言いながら返します。それを繰り返します。

②くっつきボール （CDトラック33）

ボールを持ってお母さんのまわりを走り、合図でお母さんの体にボールをくっつけます。

曲 遠藤蓉子

曲 遠藤蓉子

☆途中で止めて、「あたま」「おなか」「せなか」「て」「おひざ」「おしり」などの号令をかけて下さい。

ぺったんこあそび 8

P.51の絵を切り抜いて正しい場所にはりましょう。

おうたあそび 8　どんぐりころころ（CDトラック 34 35）

◎どんぐりひろいゲームをつくろう！
　用意するもの…新聞紙、ビニールテープ
①新聞紙を4分の1の大きさにしてくちゃくちゃにしたものをたくさんつくりましょう。
②くちゃくちゃにしたものをビニールテープで巻きます。それがどんぐりです。
③大きいままの新聞紙を1枚広げて置きます。
④「ヨーイドン！」で小さいどんぐりを新聞紙の上に集めます。
⑤その新聞の4つの端を子供とお母さんで持って、どんぐりが落ちない程度に揺らしながら歌います。
⑥最後に「あそびましょう」で勢いよく新聞を放り投げてどんぐりをばらまき、再び集めて新聞の上に置きます。何度でも繰り返して遊びます。

詞　青木存義
曲　梁田　貞

どんぐりころころ　どんぶりこ　おいけにはまって　さあたいへん
どじょうがでてきて　こんにちは　ぼっちゃんいっしょに　あそびましょう

ことばのおけいこ 8

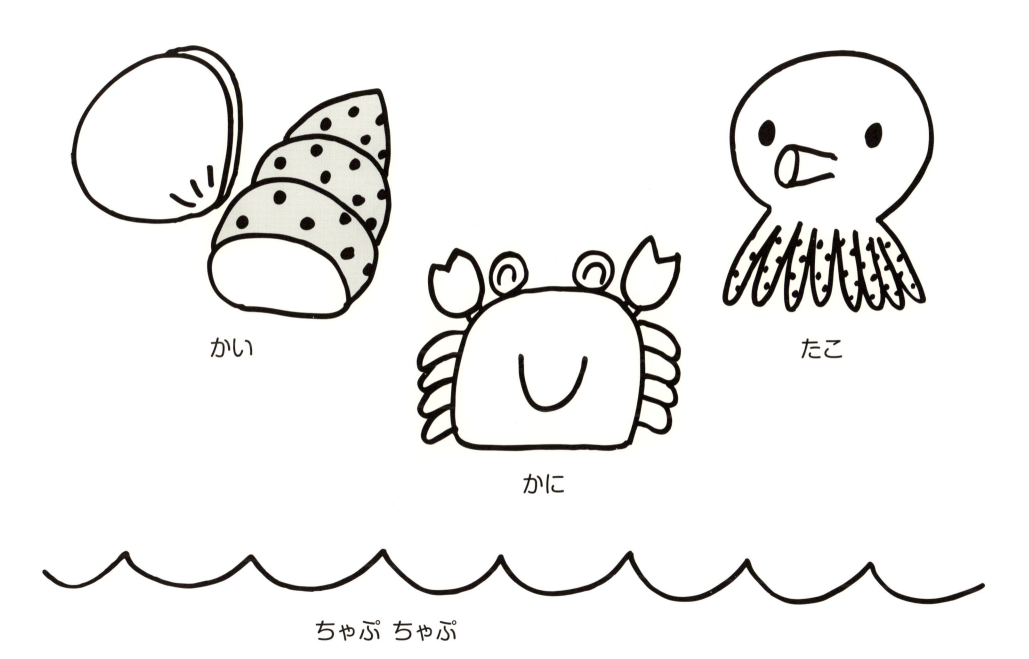

かい

かに

たこ

ちゃぷ ちゃぷ

リトミック 9   「リトミック 8」の続きです。取り混ぜて行って下さい（CDトラック38）

①ボールころがし（CDトラック36）

お母さんと少し離れた場所に座り、ボールをころがします。

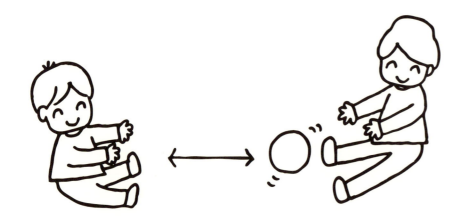

②たてたて・ゆーら（CDトラック37）

お母さんと一緒に、または一人でボールを持って音楽に合わせて振ります。
「たてたて」と「ゆーら」の振り方を区別しましょう。

ぺったんこあそび 9

だいこうぶつはなにかな？ P.53の絵を切り抜いてはりましょう。

おうたあそび 9 メリーさんのひつじ (CDトラック 39 40)

◎お母さんと手をつないでダンスをしましょう。
　足を、開いて閉じて開いて閉じてと交互に動かします。
　難しい時は、お母さんの足の上にのって下さい。1.2.1.2のかけ声でリズムに
　のりましょう。

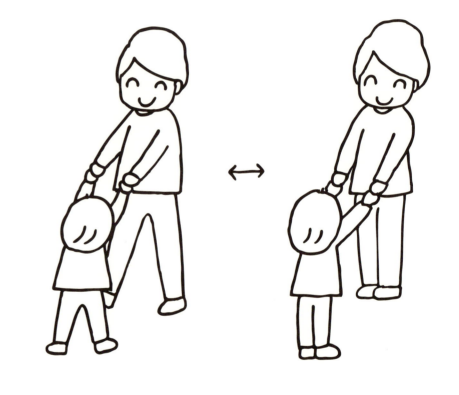

詞　高田三九三
アメリカ曲

ことばのおけいこ 9

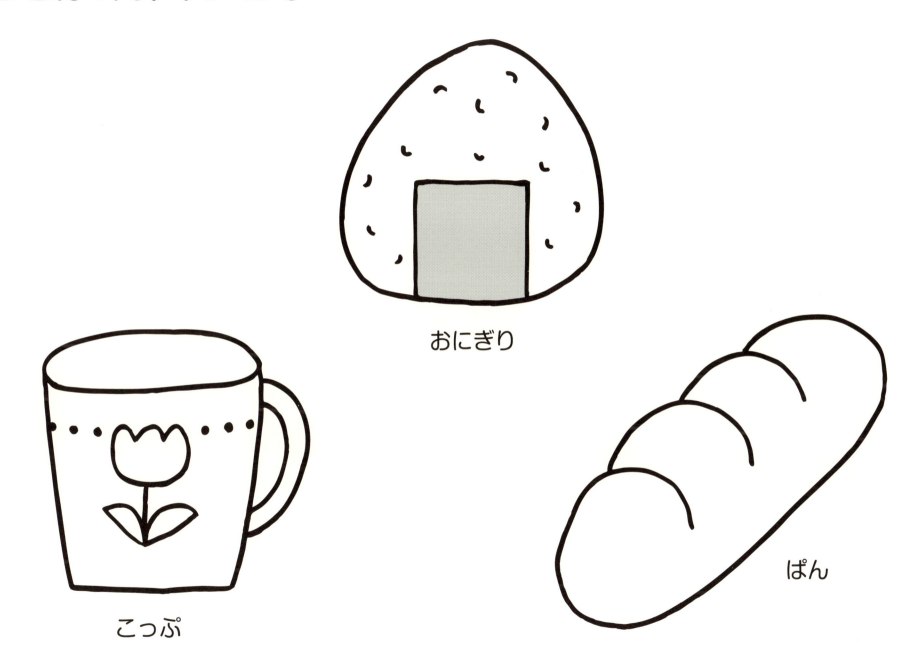

おにぎり

こっぷ

ぱん

リトミック 10

「おうま」と「かめ」になって遊びます。取り混ぜて行いましょう。（CDトラック43）

①おうま（CDトラック41）

お母さんと手をつながないで歩いたり走ったりします。
合図でお母さんが子供をぎゅっと抱きしめます。

☆適宜「歩く」「かけ足」を切りかえて下さい。時々グリッサンドで「だっこでぎゅっ」と合図を入れます。

②かめ（CDトラック42）

お母さんと一緒に音楽に合わせてハイハイします。合図でお母さんの背中にのったり、お母さんの下をくぐったりします。

☆「おやこがめ」では2オクターブ上で少し速く、「トンネル」では1オクターブ下で少し遅く弾いて下さい。

ぺったんこあそび 10

雨をかいてから、P.53のかさを切り抜いてはりましょう。

おうたあそび 10　あめふりくまのこ（CDトラック 44 45）

◎あめあめスティックをつくろう！
　用意するもの…新聞紙、わりばし2本、セロテープ、はさみ
①新聞紙の4分の1の大きさのものをさらに2つ折りにし、長方形の短い方から上を約3cm程度残して2cmの幅に切っていきます。
②それを折りたたんで割らないままのわりばしの細い方にまきつけ、セロテープでしっかり巻いてぐるぐるにし、固定します。
③同じものを2本作ります。

◎「あめふりくまのこ」にあわせて、あめあめスティックをふりましょう。
①横にゆーらゆーらと2本そろえてふる。
②トントントントントンとたてにふる。
③上にあげて、しゃかしゃかしゃかしゃかとふる。

詞　鶴見正夫
曲　湯山　昭

ことばのおけいこ 10

《ゴーゴー・リトミック1　CDトラック・プログラム》

1. リトミック1－①　きんぎょちゃん
2. リトミック1－②　みぎあしぐるぐる
3. あかいとりことり（歌入り）
4. あかいとりことり（歌なし）
5. リトミック2－①　あんよをぶらぶら
6. リトミック2－②　おでこにとんとん
7. きらきらぼし（歌入り）
8. きらきらぼし（歌なし）
9. リトミック3－①　ふねこぎ
10. リトミック3－②　てあわせ
11. フロアー・リトミック
12. なべなべそこぬけ（歌入り）
13. なべなべそこぬけ（歌なし）
14. リトミック4－①　なかよしゴーゴー
15. リトミック4－②　ゆりかご
16. アイアイ（歌入り）
17. アイアイ（歌なし）
18. リトミック5－①　ひこうき
19. リトミック5－②　かみなり・たつまき・たかいたかい
20. おさんぽリトミック
21. ロンドンばし（歌入り）
22. ロンドンばし（歌なし）
23. リトミック6－①　でんしゃ
24. リトミック6－②　おやすみ
25. だるまさん（歌入り）
26. だるまさん（歌なし）
27. リトミック7－①　ぶらんこ
28. リトミック7－②　エレベーター
29. フラフープのリトミック
30. かえるのうた（歌入り）
31. かえるのうた（歌なし）
32. リトミック8－①　ボールのおくりもの
33. リトミック8－②　くっつきボール
34. どんぐりころころ（歌入り）
35. どんぐりころころ（歌なし）
36. リトミック9－①　ボールころがし
37. リトミック9－②　たてたて・ゆーら
38. ボールのリトミック
39. メリーさんのひつじ（歌入り）
40. メリーさんのひつじ（歌なし）
41. リトミック10－①　おうま
42. リトミック10－②　かめ
43. どうぶつリトミック
44. あめふりくまのこ（歌入り）
45. あめふりくまのこ（歌なし）

個人でもグループでも使える
よいこのリトミック ①〜③
（ごほうびゲームつき）
各定価［本体 1,200 円＋税］

よいこのリトミック
おたのしみリズム・ブック ①〜③
（CD＆カードつき）
各定価［本体 1,980 円＋税］

「ゴーゴー・リトミック」の姉妹編で、少し大きいお子様のための楽しいリトミックのテキストです。「おたのしみリズム・ブック」として対応 CD も発売されています。

JASRACの承認に依り許諾証紙貼付免除

CD なしのテキストも発売されています！
「個人でもグループでも使える　ゴーゴー・リトミック①〜③」

遠藤蓉子ホームページ　http://yoppii.g.dgdg.jp/
【YouTube】よっぴーのお部屋 レッスンの扉（レッスンのヒントを紹介）

著　者	遠藤蓉子
ＤＴＰ	アトリエ・ベアール
発行者	鈴木廣史
発行所	株式会社サーベル社
発行日	2021 年 4 月 20 日

ゴーゴー・リトミック ①
〜小さい子のために（きりぬきシールつき）〜

〒130-0025 東京都墨田区千歳 2-9-13
TEL 03-3846-1051　FAX 03-3846-1391
http://www.saber-inc.co.jp/

この著作物を権利者に無断で複写複製することは、著作権法で禁じられています。
万一、落丁・乱丁の場合は送料小社負担でお取り替えいたします。

JASRAC 出 0812957-111

ぺったんこあそび1 (P.5 オモテ)
※色をぬってから切り抜いて下さい。

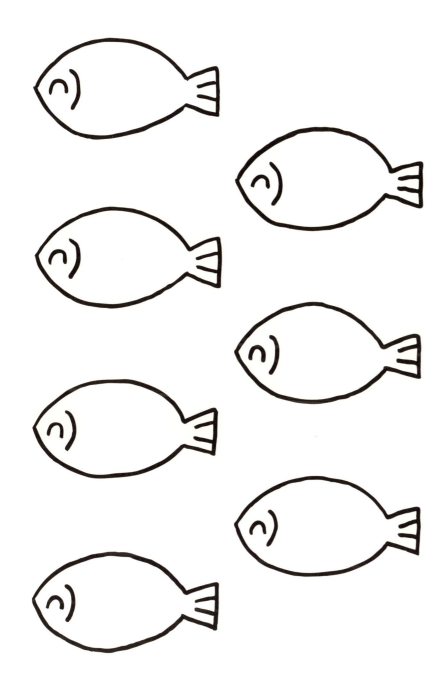

ぺったんこあそび2 (P.9 オモテ)

ぺったんこあそび2（P.9 ウラ）

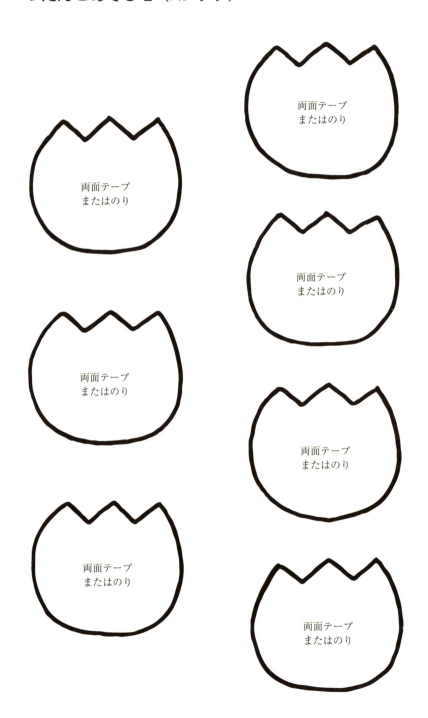

ぺったんこあそび1（P.5 ウラ）

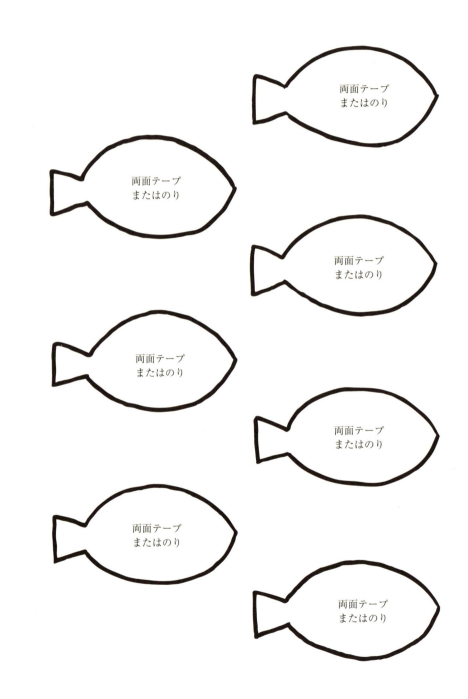

キリトリセン

ぺったんこあそび3 (P.13 オモテ)

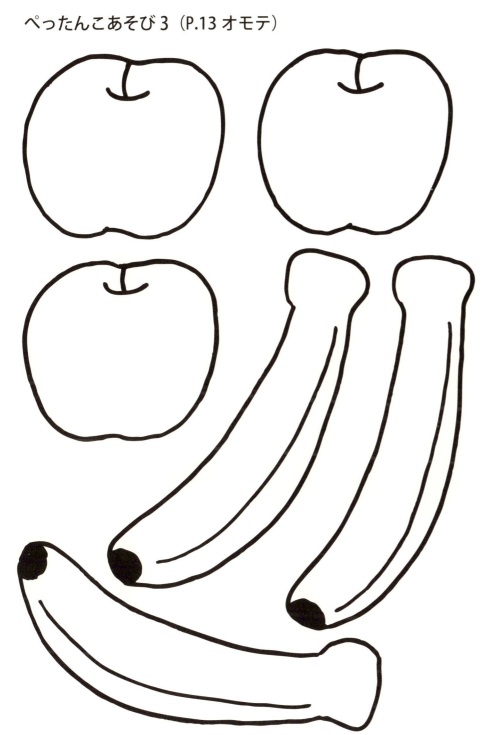

ぺったんこあそび4 (P.17 オモテ)

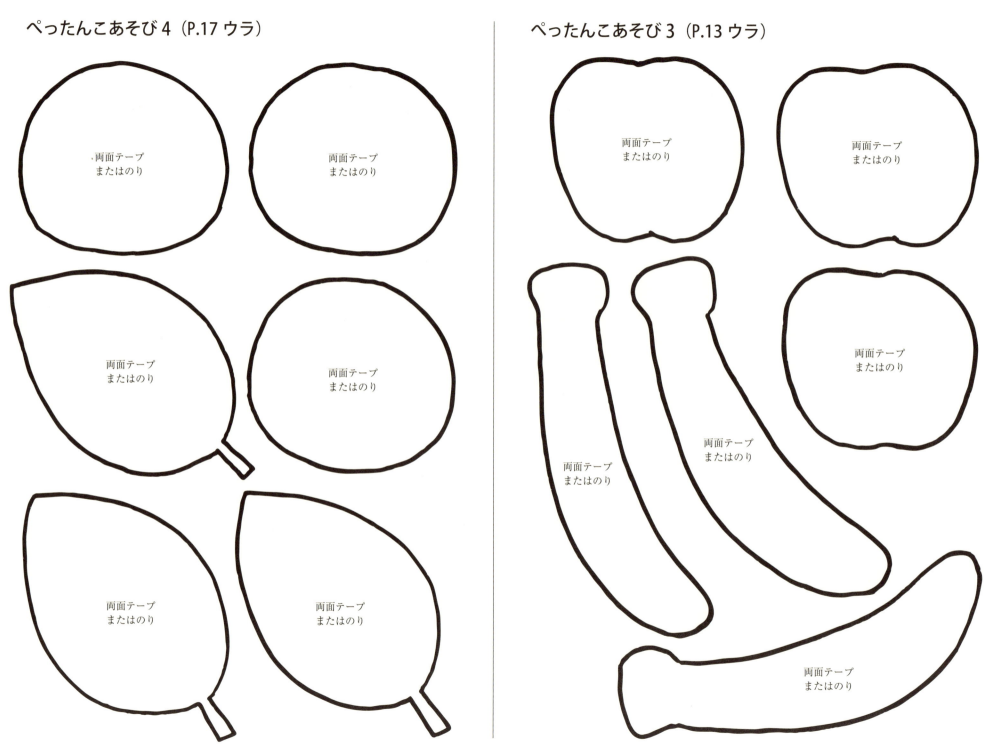

ぺったんこあそび 5 (P.21 オモテ)　　　ぺったんこあそび 6 (P.25 オモテ)

49

ぺったんこあそび6 (P.25 ウラ)

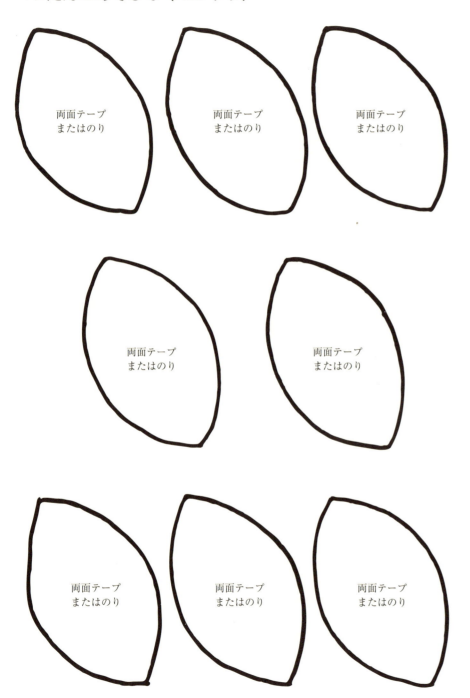

ぺったんこあそび5 (P.21 ウラ)

ぺったんこあそび7（P.29 オモテ）

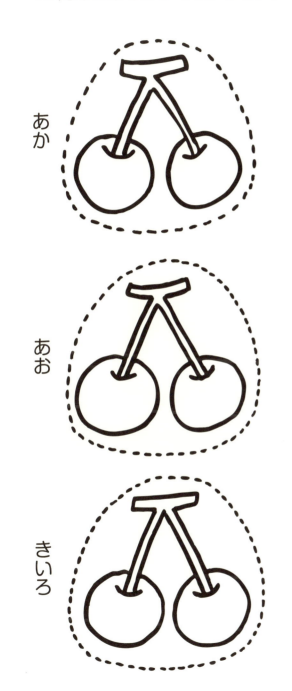

あか

あお

きいろ

ぺったんこあそび8（P.33 オモテ）

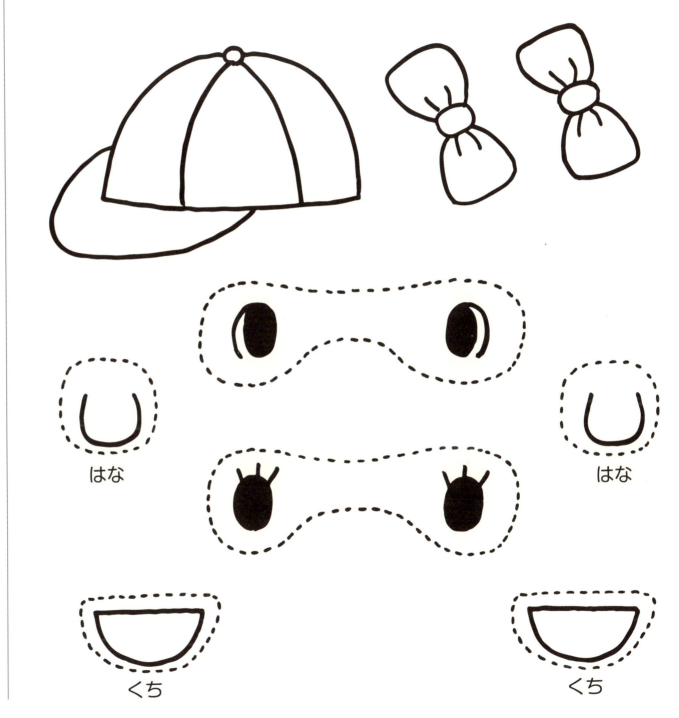

はな

はな

くち

くち

51

ぺったんこあそび 8（P.33 ウラ）

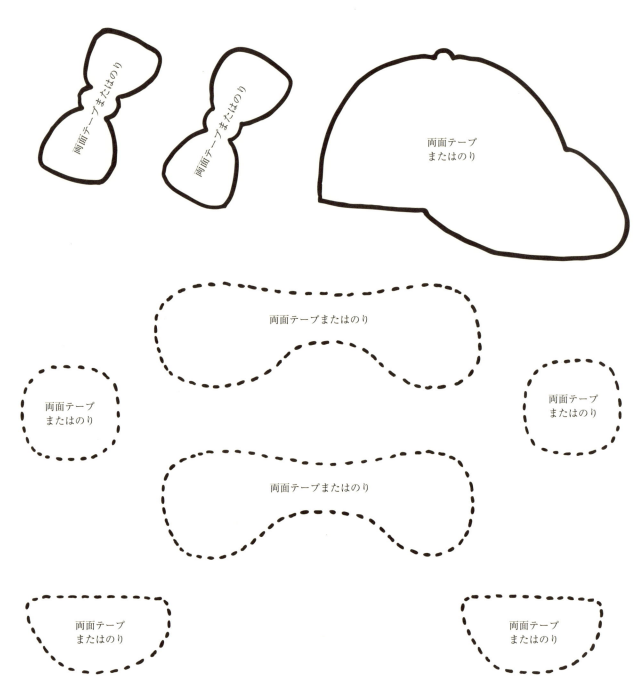

ぺったんこあそび 7（P.29 ウラ）

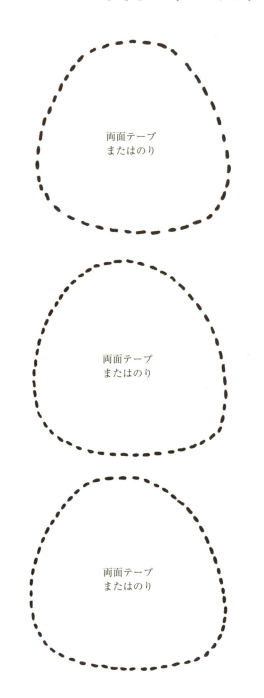

ぺったんこあそび 9 (P.37 オモテ)

ぺったんこあそび 10 (P.41 オモテ)

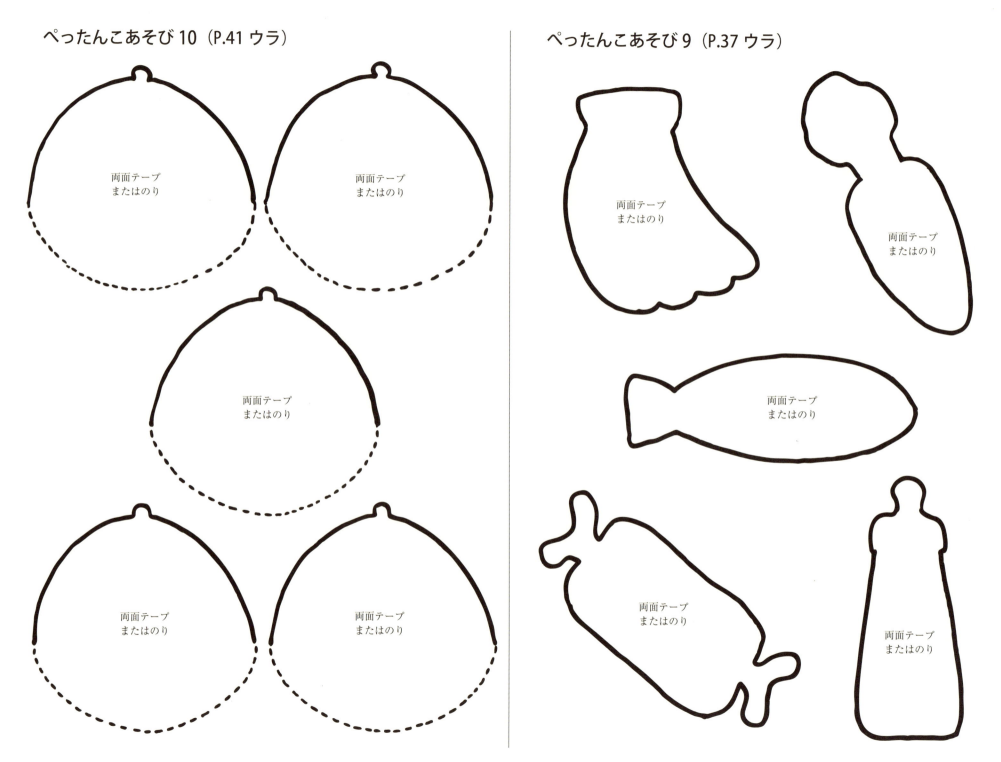

おうたあそび 7（P.30 オモテ）　※色をぬってから切り抜き、セロテープで紙コップにはりましょう。

おうたあそび 7 (P.30 ウラ)

キリトリセン

56